La pimienta del Colorín Colorado

Un poemario infantil

escrito por

ISIDORO ORTEGA-LÓPEZ

SUNRISE
Editorial

eraseunavez.org

SUNRISE
Editorial

eraseunavez.org

Primera edición, marzo 2026

©Isidoro Ortega-López, 2026

Realización, impresión y distribución: Sunrise capital, S.L.
©Sunrise Editorial
C/. Lima, 42, posterior
28945 Fuenlabrada, Madrid
entrelineas@eraseunavez.org
www.eraseunavez.org

Cubierta e ilustraciones: JuanJo González - @jjdrawingg
Maquetación: Estela Rodríguez Millanes - beyka.es

ISBN: 979-13-990633-1-8
Depósito legal: M-6443-2026

 Con la compra de este libro usted colabora con 2 céntimos de € para la plantación de árboles.

 Impreso en papel ecológico

Impreso en España / Printed in Spain

A mi nieta Valeria,
que trajo bajo el brazo,
un pan repleto de versos,
amor y ternura.

«Un poco de magia
puede llevarte muy lejos.»

ROALD DAHL

CUENTOS Y RIMAS

1. El muñeco de luna de nieve

I

Voy a contaros la historia
caramba, carambolero
dale que dale al sombrero
de un gran muñeco de nieve
divertido y futbolero.

Un día, ya muerto enero
de ventisca y cencellada
y antes de nacer febrero,
se llenaron los neveros
en la montaña elevada.

Y nevó en tal magnitud
que, en apenas media hora,
se produjo un gran alud
cayendo por el talud
con cruel fuerza destructora.

II

En La Caramba del Valle
lugar de gran resonancia,
se acumuló tanta nieve
que a un grupito de nueve
chiquillos de tierna infancia
cuando el frío fue más leve
se les ocurrió una idea
de la máxima importancia:
iniciarse en la tarea
de construir en su aldea
un gran muñeco de nieve.

Pero no uno cualquiera
hecho de copos sin más.
Este tendría, además,
que seguir en primavera
para un nuevo cometido:
precisaban un portero
para jugar un partido
no solo a bajo cero
sino también con calor
y que su intrépido arquero
hiciera el saque de honor
y paradas elegantes
sin fundirse por entero.

III

Se pusieron mano a mano
con una bola gigante
y un esfuerzo sobrehumano
para el tronco conformar.
Vieron la noche llegar
y siguieron trabajando
bajo el haz de una farola
para una segunda bola
cuya forma iba adoptando
la función de ser cabeza
y abajo, la camisola.

Con suma delicadeza,
según nos cuenta la historia
le incrustaron por nariz
sobre su propia cerviz
una dura zanahoria.
También le hicieron dos brazos
con unos ramajes secos.
Y con un calzón de flecos
le vistieron el regazo.

IV

Ya todo había concluido:
—el campo señalizado
y el arquero preparado—,
cuando oyeron un chasquido.

Al chutar un balonazo
en el cuerpo del muñeco,
un ay tronó haciendo eco
al desprenderse un pedazo.

Las lágrimas de disgusto
asomaron por sus ojos
que se volvieron más rojos
por fracaso tan injusto.

La decepción era inmensa
no entendían el error
y una situación tan tensa.

Dialogaron con fervor
para encontrar la respuesta
a desgracia tan funesta.

V

El muñeco futbolista
viendo como empeoraba
sabio, les puso en la pista
de lo que se precisaba:
se debe invocar a un hada
seguidora de Ronaldo
quien quizás como aguinaldo
con su varita encantada
nos regale cierto hechizo
que realiza cuando nieva.

La última vez que lo hizo
sucedió porque logramos
que saliera de su cueva.

¿Y cómo, pues, la invocamos?
debajo de los sarmientos
oculta de las miradas
y del rigor de los vientos
en esa puerta embrujada
hallaréis un buen sombrero
de fieltro para más señas
si me lo encajáis entero
saldrá por entre esas peñas.

VI

Así lo hicieron los niños:
el sombrero por completo
al muñeco todo prieto
le pusieron entre guiños.

De repente entre las rocas
vieron tras la fumarola
salir un hada carioca,
saludando con un ¡hola!
¿Quién por fortuna me invoca?

VII

Los niños de Carambola.

Queremos que nuestro amigo
pueda jugar de portero
sin derretirse el primero
pero se rompió el ombligo.

Mi magia no es tan potente,
si tiene que actuar sola
para arreglar esta bola
que se rompió por el centro
deberéis meteros dentro
para pedir a la luna
gritando todos a una
que se sume a nuestro encuentro.

VIII

Con el hechizo encantado
al muñeco le brotó
una pierna en cada lado
y la bola se soldó
fraguada en magia conjunta.
Ya paraba los balones
despejaba con la punta
de los dedos y talones.

Los niños le disparaban
al sombrero a quemarropa
casi tocaban la copa
con la que siempre soñaban.
La luna les aplaudía
y el muñequito reía.

Las hadas ovacionando
porque su nieve de luna
les dio la mejor hazaña
meter goles alegrando
el alma como ninguna
en su lejana montaña.

2. El Oso de Cartón

I

En un bosque de tinta y de papel
—entre cientos y cientos de arboledas
de origami— vivía, en las roquedas
de cartón, el osezno Rafael

con su mamá de cartulina. Aquel
osezno que jugaba en la robleda
con cajas viejas y papel de seda,
ansiaba degustar la dulce miel

que, derretida gota a gota, vio
caer con sus ojuelos de tachuela
y su nariz de negro celofán.

Del río azul de tinta se elevó
como una abeja, vuela que te vuela
moviendo sus zarpitas con afán.

II

Olfateó su madre el fino viento,
que traía sabor a petricor.
De perentoria lluvia era el olor
que captó su nariz de pegamento

y temió —con razón— ese momento
en el que las gotitas, con dolor,
cayeran sobre el bosque de color
de un chic papel maché con furor cruento

y —así— reblandecieran el cartón,
desmenuzando ávidas la esencia,
los sutiles dobleces de su mundo

—hechos de viejos diarios de opinión—
papiroflexia en juego, cuya ciencia
moriría en el agua en un segundo.

III

Mamá osa rugió como una fiera
al viento y a la lluvia con voz rota:
—si mojáis a mi osezno mi derrota
—dijo—, será el invierno en primavera.

Como clavos cayeron las primeras,
de extraña procedencia, raudas gotas.
Musicales y transparentes notas
decoraron del bosque las laderas.

Y Rafael, de miel lleno, bailó
con mamá de la mano de corcheas
y fusas en su bosque abigarrado.

Con música y papel, se descubrió
pintando de color las azaleas,
bajo un cielo de luces estrellado.

3. Rabicorto y el gato

I

En el destartalado y ruin trastero
de un viejo teatro abandonado,
vivía, bajo un muro desconchado,
un ratón chiquitín y aventurero.

Rabicorto, era el nombre pinturero
del ratón, que miraba a cada lado
por miedo a que lo viera su enconado
enemigo, al salir del agujero.

También ponía máxima atención
por si oía el crujido del trinquete
—indicio de peligro indiscutible

y amenaza rival— contra el ratón.
Aventurándose, en un periquete,
corría con ardor irreductible.

II

Una vez, Rabicorto, muerto de hambre
corrió más riesgos al salir de día
y saltó, sin pensar qué pasaría,
trepando por un acerado alambre.

Había detectado en la cochambre
un olor exquisito de sandía,
y tal era su estomacal porfía
que no vio la gran bola de pelambre.

Sonó el trinquete y se aterrorizó
con la ferocidad de su adversario,
que estaba justo encima de su cara.

Rabicorto, asustado, se cayó
del alambre a un desvencijado acuario,
hogar de un gallipato de piel rara.

III

Al chapuzón, la gran bola de pelo
giró sus fieras fauces con denuedo.
Sumergió de su zarpa un solo dedo
desconfiando de aquel raro pozuelo.

El batracio —partícipe del duelo—
dirigió hacia un minúsculo roquedo
al ratón, que temblaba por el miedo
a no poder seguir al urodelo

o a ser capturado por el gato
que ya, sus garras sumergían dentro.
—Sal ratoncito, Rabicorto, sal.

No aguantarás debajo mucho rato.
Acércate hacia mí, aquí, al centro
de esta pecera, que no te haré mal.

IV

El ratón, desconfiado, se disfrazó
con un capote de algas verde oscuro,
para intentar salir de aquel apuro.
Y, nada que te nada, al gato dio

un mordisco en el dedo. —Sí, fui yo.
No quise hacerte daño, lo aseguro,
pero para confiar en el futuro
no me quedaban más opciones, no.

Sin embargo, los dientes al morderte
me hicieron comprobar con sumo pánico
que era impropio de gato tal dureza.

—No tiene que extrañarte verme inerte,
pues soy, en realidad, gato mecánico.
Carezco por completo de fiereza.

V

Nadie pensara tal giro de guion.
A carcajadas rio el gallipato
bajo el agua, pues al igual que el gato
era inorgánica su complexión:

él, de goma. Incrédulo, el ratón,
le apuntó si el pelaje era de ornato
y su temor a recibir maltrato
de un rival, al salir de su inmersión.

—Yo solo pretendía estar contigo.
—Con su risa mecánica de amor,
zanjó el gato, mostrando sus cien dientes.

Rabicorto exclamó: —seré tu amigo
yo mismo soy ratón de ordenador.
Somos iguales, siendo diferentes.

4. El perro del rey de los tres ojos

I

Érase que se era un gran señor
distinguido, eminente
que tenía tres ojos
con una función cada uno y un color.
Un ojo —justo en medio de la frente
para ver por la noche—, en tonos rojos.
Para ver la verdad,
tenía el ojo izquierdo amarillento.
El tercero era azul y en realidad
servía para ver el fundamento
del alma en los demás.
Además,
nada de esto
se sabía,
por supuesto
lo escondía
bien, bajo una apariencia
de absoluta y total normalidad.
Con la luz de la luna, con frecuencia,
salía a pasear por un bosquete
contiguo a su palacio en la ciudad.

II

Una noche, un paquete
inesperado, su curiosidad
despertó.
Se acercó
y vio que se trataba
de un saco de correos con tres cartas.
Las leyó.
Una era de una esclava.
—Ayudadnos que estamos ya tan hartas
que casi hemos perdido la esperanza—,
decía sin confianza.
La otra era de su dueño
un malvado
hacendado
que ponía su empeño
esclavizando gente sin parar.

III

La última estaba en blanco
por lo que, para ser del todo franco,
no supo qué pensar.
Se dijo: «las tendré que releer».
Con cada ojo ahora
para ver sin demora
en plena noche si era de creer
todo lo contenido,
—lo visto y lo escondido
en las cartas— y quién pudiera ser
el remitente esquivo.

Leyó y releyó
hasta que descubrió
algo que lo dejó pensativo.
Nada era lo que a priori parecía.
Con su gualda mirada de certeza
leyó y desentrañó con sutileza
la que la carta en blanco le decía.
Desveló que la esclava no era tal
sino el mismo hacendado raro
buscando con descaro
vil y descomunal
engañarlo.

IV

Sin dudarlo
a su perro silbó.
Con su mirada añil
al corazón tan vil
comprender intentó.
El can le dio la clave.
—Nadie sabe
—ladró el perro—, quien es el bobo.
Si es el lobo
con disfraz de cordero
haciendo una celada
o si es más propio de alguien, a quien nada
motiva tanto, como a un fruslero
noble, quien a sí mismo,
remitía,
cada día,
mentiras con cinismo.
El secreto encubierto
al gran señor habían desvelado
y se fue avergonzado
porque su can lo había descubierto.

5. El dragón, el viento y el cocodrilo

I

Hace muchos, muchos años

había un real palacio
en un bellísimo espacio
bendecido por el viento.
En secreto y muy despacio
con gemas, oro y topacio
se construyó un monumento

único en el reino aquél.

Y allí vivía un dragón,
cuya boca era un tizón
que calcinaba las puertas
de madera en el salón,
al salir de su rincón
con sus dos alas abiertas

para volar por el aire.

II

Ponía su mejor cara
porque alguien lo visitara,
ya que creía que el juego
era el mejor modo para
que alguno se le acercara
sin miedo a sufrir su fuego,

su gran fiereza o sus garras.

Un día un dolor de muelas
le agarró entre las dovelas
de un arco de medio punto.
Se dijo: «¡ay!, como anhelas
dragón, que ya no te duelas
de este lacerante asunto».

III

Y nada le consolaba.

El viento supo la cosa
y con su fuerza animosa
de las muelas le tiró,
con suerte tan alevosa,
que del dragón a una fosa
la muela se abalanzó

golpeando a un cocodrilo:

—¡Ay! ¿Quién osa despertarme
provocando que me alarme
y me duela la cabeza?
—Siento —dijo aquel—, que se arme
tanto revuelo al volcarme
en ayudar con presteza

a un dragón y un cocodrilo.

IV

Pero al fin he conseguido
sin haberlo pretendido
que tú dragón solitario
en tantas lides curtido
de un cocodrilo hayas sido
amigo extraordinario.

—Lamento haberte dado

con la muela gigantesca.
Pensaba que la dantesca
—dijo el dragón a su vez—,
y a la par carnavalesca
no deviniera en grotesca
situación, de tal jaez

que te enfadaras conmigo.

V

—Nunca me molestaría
pues por fin en este día
al dragón reconocí.
Tomemos una sangría
y a brindar con alegría
que nunca supe de ti,

aunque te viera volar.

Y así dragón y castillo,
el hinchado colodrillo
del doliente cocodrilo
y el travieso vientecillo
hallaron el más sencillo
—tirando solo de un hilo—

camino de ser amigos.

6. La princesa prisionera del castillo aburrido

I

—Abre la puerta niña —dijo el hada
al despertar el día de su sueño.
La niña abrió los ojos y su lecho,
recubierto del hielo de la noche
cruel, trémulo de frío en el palacio,
la ayudó a levantarse entre bostezos.

La propia princesita, de bostezos
contagiada, en los brazos de su hada
se elevó hasta el techo del palacio
y contempló la torre de su sueño,
en la que, hechizada cada noche,
tenía que quedarse unida al lecho.

Desde abajo, miraba el pobre lecho
—con miedosos vestigios de bostezos—
a la audaz princesita de la noche,
planear por el techo con el hada.
Y aun siendo pusilánime, en su sueño
creía rescatarla del palacio.

II

El hablado silencio del palacio
alimentaba el miedo sobre el lecho
—con palabras de piedra— frente al sueño
dulce de la princesa. Con bostezos
impostados, el lecho gritó al hada:
—contad conmigo para huir de noche.

Toma una de mis patas esta noche
y prende una almenara en el palacio.
La niña contestó mirando al hada:
—pero el fuego calcinaría el lecho
y quizás a los tres por los bostezos
humeantes de un malhadado sueño,

tan falso como el vuelo en ese sueño.
—Tiene razón el lecho. Esta noche
en fuego volveremos los bostezos
aburridos y crueles del palacio.
Con tu ayuda valiente, osado lecho,
libre será la niña —zanjó el hada.

Y ayudados del hada en un buen sueño,
el lecho y la princesa en plena noche
quemaron los bostezos del palacio.

7. El ratón de lana

I

Un ratoncito
—de lanas—
chiquito,
con muchas ganas
me cantó unas rimas
sobre tres primas
hermanas.

Volando sobre su dron
y ocultas en un cajón,
Luna y Estela
—ya sin escuela—
venían por Navidad,
desde su ciudad,
a la tarea noble y seria
de conocer a Valeria
—su prima fuenlabreña
más pequeña—.

II

De sopetón,
el ratón
de lanas hecho,
se puso muy derecho
para referir
el susto
—por no llamarlo disgusto—
que le supuso sentir
cómo le hacía la guerra
una peluda perra
divertida, en una ola
de ladridos y saltos
mordiéndole la cola
con sobresaltos.

A eso de la una
llamaron a la puerta
Estela y Luna.

III

Sin hacerse la finoli
la perrita, Moly
para más señas,
para ver a las pequeñas
soltó del tirón
la cola del ratón,
que emitió
diligente
un agudo
y estridente
sonido rudo.

El bebé
no se movía
—hace un nosequé—,
decía
Estela a Luna
mirando la cuna.
—Es su modo
de saludar,
que no todo
va a ser hablar—.

IV

les comentó
Moly desde el rincón.
Ahora me voy
con mi ratón,
que en el día de hoy
corre como un cohete.
Es mi mejor juguete.

Y así pasaron el día
con infinita alegría.
Mima que te mima
a la prima
menor.

Jugaron y jugaron
con la perra y con el dron
—hasta que sestearon—,
lo que aprovechó el ratón
la inteligente mascota
—con la lana casi rota—
para terminar
este cuento
de nunca acabar
—por el momento—.

8. Wissancano al rescate

I

Érase una vez,

un perrete, que vivía
en la punta de la estela
de un cometa, que solía

ver al perro con cautela
por ser el mejor guardián
de la noche centinela.

Con esmero y con afán
y su poderoso olfato,
vigilaba atento el can,

si su archienemigo el gato
saldría para jugar
con los ratones un rato.

II

O, si quizás el aullar
de lobos escucharía
al ver la luna brillar

sobre la laguna fría.
Desde aquel lugar ignoto,
se descolgaba y caía

haciendo gran alboroto,
anunciando su llegada
sobre aquel bosque remoto.

Y siempre la chiquillada
escapaba tan contenta
de la taimada manada.

El susto era la pimienta
del colorín, colorado
de este cuento que se cuenta.

9. Moly, mola

I

Érase que se era
el principio de una historia
entre cierta border collie,
llamada de nombre Moly
—una experta en la materia
de carear de memoria—
y la pequeña Valeria.

¡Guau, guau!
Ladró la perrita Moly
al recibir el gorrito
de la reciente Valeria.

La capucha dijo ¡holi!
y fingió ponerse seria
para que Moly confusa
se la llevara corriendo
sin poner ninguna excusa
a jugar y jugar riendo.

II

¡Guau, guau!
Sonrió pícara la perra.
Entrecerró sus ojillos
se puso a brincar gamberra
con el gorrito a su espalda.

Parecían un jinete
hecho de punto o trapillo
y su montura perruna.
Fueron del sofá al visillo
y del visillo a la cuna.

Y allí depositó el gorro
con suma delicadeza
para cubrir la cabeza
cuando la ocupara el rorro.

Y con dulce sutileza
se tumbó aguardando, al lado
de la cuna de Valeria,
la llegada de la niña
a su familia hecha piña.

Y colorín, colorado
—con un guau de despedida—
este cuento se ha acabado.

NANAS, TROVAS Y RETAHÍLAS

10. Versos a Valeria

I

El momento será inesperado
cuando la espera atraque
en puerto calmo
y la llegada de Valeria zarpe.

Sangra amarillos rayos
la noche. La emoción crece a raudales
brotando desde el alma a cada rato,
al subir la escalera interminable.

Jorge y Sonia, peldaño tras peldaño
para que asome la hora del coraje.
La vida es un taladro
deshojando la espera de la madre.

Valeria se abre paso,
llanto es lágrimas ásperas del aire.
Parece que es aprisa y es despacio
porque ahora las horas son instantes.

II

Los minutos que muerden son más largos,
aldabonazos son, que a Sonia parten.
Valeria está empujando.
Las matronas lo saben
manos sabias de un arte milenario.

De nuevas ávidos, los ojos arden.
Abuelos esperando.
Todo parece tarde
siendo pronto. El día va expirando
cuando Valeria nace:
diez de noviembre, en dos mil veinticuatro.

Júbilo desbordante
mil retos comenzados
y mil aprendizajes.
La noche ha regalado miel y abrazos
y lágrimas de gozo en todas partes.

11. Nana del tralará

I

Luce libre en el mundo,
que lucirás
tralarí, tralará
bajo manto de azúcar, sal y limón
tralarí, tralaró.
¡Sal y limón!

Mi niña duerme, duerme
que dormirá
tralarí, tralará
abrazada a su madre con gran amor
tralarí, tralaró.
¡Ay cuánto amor!

II

Cierra los ojos, cierra
que cerrarás
tralarí, tralará
que te arrullan los ríos con su arrorró
tralarí, tralaró.
¡Arrorró, arrorró!

Los ojos de la luna
se enojarán
tralarí, tralará
si acaso te despierta un rayo de sol
tralarí, tralaró.
¡La luna y el sol!

Este susurro blando
te acunará
tralarí, tralará
son versos que se salen del corazón
tralarí, tralaró.
¡Ay del corazón!

12. El chupe de Valeria

El chupe de Valeria
dale que dale
se queda en la almohada
que no la engañes.

—Que no me engañes, papi,
que no me engañes—.
El chupe de Valeria
dale que dale.

Dale que dale, mami
dale que dale
del chupe de Valeria
leche no sale.

El chupe de Valeria
se sale y sale
que no sale la leche
por más que mame.

—Por más que mame, papi
por más que mame—.
Del chupe de Valeria
leche no sale.

13. El rock del secador

Ro, ro, ro
suena el secador
se duerme Valeria
con este rumor.
Ro, ro, ro.

Cuando tiene sueño
y ya son horas
se duerme Valeria
con la aspiradora
—ya iba siendo hora—.

Ro, ro, ro
ronca dormilón
es papito Jorge
con este arrorró
—ronca que roncó—.

Moly y Sonia bailan
este rock and roll
si Valeria duerme
con el secador.
Ro, ro, ro.

14. Allí arribita arribita

I

Allí arribita arribita
donde la nube se agita,
colgando del arco iris,
hay un columpio gigante
donde juega un elefante.

Aquí abajito abajito,
donde el arroyo es bonito
y su agua sabe a gloria,
hay un caracol rumbero
con dos cuernos y un sombrero.

Acá cerquita cerquita,
donde el silencio se grita
y los gritos se silencian,
hay una niña soñando
en su canastillo blando.

II

Allá lejitos lejitos,
donde surcan meteoritos,
el sol sale a ver la niña
para buscar en su cuna
si allí se escondió la luna.

Allí arribita arribita
se columpia un elefante
y una niña fascinante
sueña que un caracol,
de concha de blanca luna
juega a esconderse del sol.

15. La niña y la luna

I

Una niña está jugando
al escondite en la cuna
la luna la está mirando
la está mirando la luna.

Dime niña dónde estás
pregunta la luna luna
y se derrama detrás
iluminando la cuna.

Luna de los limoneros
me escondo en mi muselina
silenciando el sonajero
por ver la luz vespertina

para mirarte a los ojos
y para comerme a besos
la tarde teñida en rojo
y tu blancura de queso.

II

No me comas niña niña
sin que mi rostro te alumbre
que no quiero que te riña
el sol tras aquella cumbre

pues, aunque no se le vea
pronto volverá a tu vera
a cumplir con la tarea
de su rubia cabellera.

A templar tu piel morena
y mecerte la sonrisa
para que duerma la nena
acunada con la brisa.

Y así jugando en un tris
la luna a la niña emite
sus rayos de flor de lis
bajo su blando escondite.

16. No quiero...

No quiero la leche
galletas, ni té.
Quiero un mar de cuento
hecho de papel.

No quiero verdura,
ni quiero puré.
Quiero una pelota
y darle un puntapié.

No quiero cocido,
ni quiero café.
Quiero una muñeca
que baile al revés.

No quiero la siesta
(dormir no está bien)
que quiero jugar.
Prefiero mi tren.

No quiero el baño,
dormir, ni comer...
que tengo dos años
y ya mismo tres.

17. La tarasca

I

La tarasca sí,
la tarasca no…,
si entras en mi cuento
ven y dímelo.

Cuerpo de galápago
fuego en interior
fauces humeantes
puro rocanrol.

La tarasca sí,
la tarasca no…,
si estás en mi cuento
do, re, mi, fa, sol.

Alas de vampiro
vuela alrededor
surcando los cielos
baila reguetón.

La tarasca sí,
la tarasca no…,
quédate en mi cuento
canta mi canción.

II

Las niñas traviesas
atan al dragón
con un pentagrama
en clave de do.

La tarasca sí,
la tarasca no...,
si sales del cuento
te devoro yo.

Adiós tarasquita
tarasquita adiós
nos fuimos del cuento
cantando tu son.

La tarasca sí,
la tarasca no...,
dormida en su cuento
ella se quedó.

18. Filomena a la comba

En Fuenlabrada
nevó, nevó
un mes de enero
que se cubrió
que se cubrió
que fue brutal
que todo el mundo
quería jugar
quería reír.
Hasta que nadie
se pudo salir.
Que tras la pandemia
la gran Filomena
sonaba a festín
pero era tormenta
de las de sufrir.

19. Clin, clin

Clin, clin sonaba la alarma.
Clin, clin sobre la almohada.
Clin, clin que llegamos tarde.
Clin, clin la voz de la madre.
Clin, clin gritaba de lejos.
Clin, clin que empieza el colegio.
Clin, clin que raro, que raro.
Clin, clin que me he equivocado.
Clin, clin volved a la cama.
Clin, clin que es fin de semana.

20. Dame tu sonrisa

Dame tu sonrisa
niña de mis ojos
dámela de nuevo
que me vuelve loco.

Dame tu sonrisa
que tengo mil cuentos.
Si te duermes pronto
te los cuento en sueños.

Dame tu sonrisa.
No llores, no llores
que si tú me lloras
se mueren las flores.

Dame tu sonrisa
luz de la mañana
que si tú sonríes
me alegras el alma.

21. El gorrión piopí

I

Voy a cantarte
piopí
una canción
piopá
que le escuché
piopí
a un gorrión
piopá

junto a mi casa
piopí
que insolidario
piopá
parece ahora
piopí
mi vecindario
piopá.

II

Unas cotorras
piopí
son muy hurañas
piopá
y las palomas
piopí
me son extrañas
piopá.

Si no me ayudas
piopí
me iré muriendo
piopá
me iré de España
piopí
que es crudo invierno
piopá.

22. Madre, quiero ser

I

Madre,
quiero ser nube.
El aire de la mañana.
Hija del viento
que se acuna en la montaña.

Madre,
quiero ser agua
con el alma aventurera.
Ola de espuma
de la mar, la más viajera.

Madre,
quiero ser llama
amarilla y encarnada.
Fuego de vida
bajo una noche estrellada.

II

Madre,
quiero ser tierra
firme, diligente, firme.
Como el adobe
de libre dureza, libre.

Madre,
quiero ser yo
entre millones de olores.
Con mi camino,
mi senda, con mis colores.

Madre,
quiero ser viento que acuna,
quiero ser agua de lluvia,
quiero ser fuego de luna,
quiero ser tierra impoluta,
quiero ser mi propia ruta.

23. Duerme, duerme con la luna

Duerme, duerme corazón
que la lunita viajera
ya se durmió pasajera
de las alas de un avión.

Iba recostada en él
de la mano de su dueña
una niña tan pequeña
en un avión de papel.

Duerme, duérmete mi bien
que esa luna marinera
recostada en la trainera
se durmió con su vaivén.

Estaba sobre la mar
sin papeles ni equipaje
en un sereno oleaje
dormida en su navegar.

Duerme, duerme, con la nana
que la luna se derrite
en gotas de luz que emite
asomada a tu ventana.

Duerme, duerme que esa luna
bajó del cielo estrellado
para soñar a tu lado
acurrucada en tu cuna.

RACIMO DE HAIKUS

24. Parto

Horas angostas,
lentas, miedos, gritos
y el primer aire.

25. Balbuceo

Ven, balbucea
que el mirlo parlotea.
Son tus palabras.

26. Otoñal

A paso lento
pasajera del viento.
Lluvia de otoño.

27. Nana

La nana, nana.
Canta al agua, rana.
La nana al agua.

28. Perrita

Y de paseo
en la boca un trofeo
muestra la perra.

29. Lágrimas

La niña llora.
Sus almendras ahora
riegan su cara.

30. Ea,ea

En la azotea,
con la ea la ea,
duerme la niña.

31. Hormiga

Te fui a coger
minúscula en mi mano
negro mordisco.

Mi gigantez
se volvió cerval miedo
a tu veneno.

32. Gato

Te abrazo y mullo
felino algodonado
te me resistes.

Mueves la cola,
bufido amenazante
te zafas y huyes.

33. Añicos

En plena ducha
sobre la piel desnuda
hechos añicos

llueven los vidrios.
En medio de los gritos
la sangre en hilos.

34. Miedo nocturno

Me mira el muro
con sus ojos de noche.
Huyo a tu cama.

35. Desconocido

Abres tu boca
hueles desconocido,
¿reír o comerme?

36. Vacuna

La aguja apunta.
El aroma del miedo.
Mi talón llora.

37. Abrazo

En mi regazo
tus ojos son abrazos
y poesía.

Índice

CUENTOS Y RIMAS

NANAS, TROVAS Y RETAHÍLAS

RACIMO DE HAIKUS

Otras obras del autor

Todo el mundo, en algún momento de su vida debe enfrentarse a sus demonios. Y ello en sí no es poca cosa. Pero que venga a visitarte el diablo es otra dimensión, tanto en la vida como en la literatura. Cuando ello sucede, nadie está seguro de salir indemne o de verse para siempre condenado.

Isidoro Ortega-López afronta esta leyenda como un diálogo en 33 estrofas entre dos personajes únicos: el diablo y yo en un ejercicio de gran exigencia técnica, en el que no se repite ni una sola rima, y en el que muestra su reconocimiento y respeto al canon de su estrofa preferida, el soneto.

El autor recupera el relato en esta su novena obra. Y aborda también otras realidades emocionales con su sensibilidad poética característica y con nuevos escarceos teatrales. Un compendio de estilos de enorme atractivo para el público lector.

Es un libro diferente que puede leerse de adelante a atrás y viceversa y que no dejará indiferente a nadie.

De ello da fe el mismísimo diablo.

Título: Vino a verme el diablo
Autor: Isidoro Ortega-López
P.V.P. 12,90€
Poesía, teatro
ISBN: 978-84-127010-5-0

Éranse poemas, repletos de besos,
lobeznos de libro, de amor y de afectos,
peces que caminan, canciones y sueños,
árboles con alas, volcanes inciertos
y guiñol en verso.
Esto y mucho más, se revela dentro.
Érase un cometa de albar cabellera.
Y un hada de arena, con alas de seda.
Y espejos de luna, de Luna lunera.
Y arrorrós y nanas, cuentos de la abuela,
en noche de estrellas.
Si abres este libro, dos alas despliegas.

Título: Nube de mimos
Autor: Isidoro Ortega-López
P.V.P. 8,90€
Poesía
ISBN: 978-84-125605-5-8

Pedidos:
www.eraseunavez.org
entrelineas@eraseunavez.org

Otras obras del autor

Este poemario exhibe un universo propio que reivindica la fuerza del ahora, tras dos tremendos años, en el que los dioses parecieron olvidarse de nosotros.

Nuevas estrofas, como gritos de silencio, para entender lo sublime de la vida y su contrapunto indispensable, la inefable muerte.

Palabras que son imágenes de amor y un arma resiliente de respeto, de memoria y de belleza.

Título: Tierra Adentro
Autor: Isidoro Ortega-López
P.V.P. 11,90€
Poesía
ISBN: 978-84-125605-6-5

Título: Crónicas de Ïe
Autor: Isidoro Ortega-López
P.V.P. 19,00€
Fantasía
ISBN: 978-84-124211-2-5

Título: Corazón de papel
Autor: Isidoro Ortega-López
P.V.P. 9,70€
Poesía
ISBN: 978-84-124211-3-2

Título: Menguante luz / crecida sombra
Autor: Isidoro Ortega-López
P.V.P. 15,00€
Poesía, relatos
ISBN: 978-84-121362-7-2

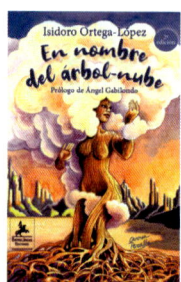

Título:En nombre del árbol-nube
Autor: Isidoro Ortega-López
P.V.P. 16,00€
Poesía
ISBN: 978-84-949802-5-1

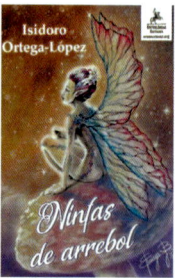

Título: Ninfas de Arrebol
Autor: Isidoro Ortega-López
P.V.P. 15,00€
Poesía
ISBN: 978-84-94807-95-4

Título: Vestida de estrellas
Autor: Isidoro Ortega-López
P.V.P. 13,00€
Poesía
ISBN: 978-84-1676858-5

Pedidos:
www.eraseunavez.org
entrelineas@eraseunavez.org

Sunrise Editorial

....

'Más vida'

Sunrise Editorial es un espacio de creación y de manifestación vital donde se potencia a quienes de algún modo intentan renovar la literatura en español, dándole un soplo de frescura; sus talleres están abiertos también a quienes tienen algo fabuloso que contar. Cada título es una joya del autor, porque en su interior palpita su vida. Lo que cuentan, su escritura, es el Sol; y nuestros autores, sugestivos girasoles creativos. Los girasoles miran y buscan el sol. En días nublados, se miran unos a otros buscando la energía de cada uno. No se quedan mustios ni con la cabeza baja, se miran unos a otros y siguen erguidos. En nuestra editorial no se compite: se comparte. Si no tenemos sol todos los días, nos tenemos unos a otros para seguir brillando... viviendo.

El girasol y la fábula

....

SUNRISE
Editorial

eraseunavez.org

C/. Lima, 42, posterior
28945 Fuenlabrada, Madrid
autores@eraseunavez.org
www.eraseunavez.org

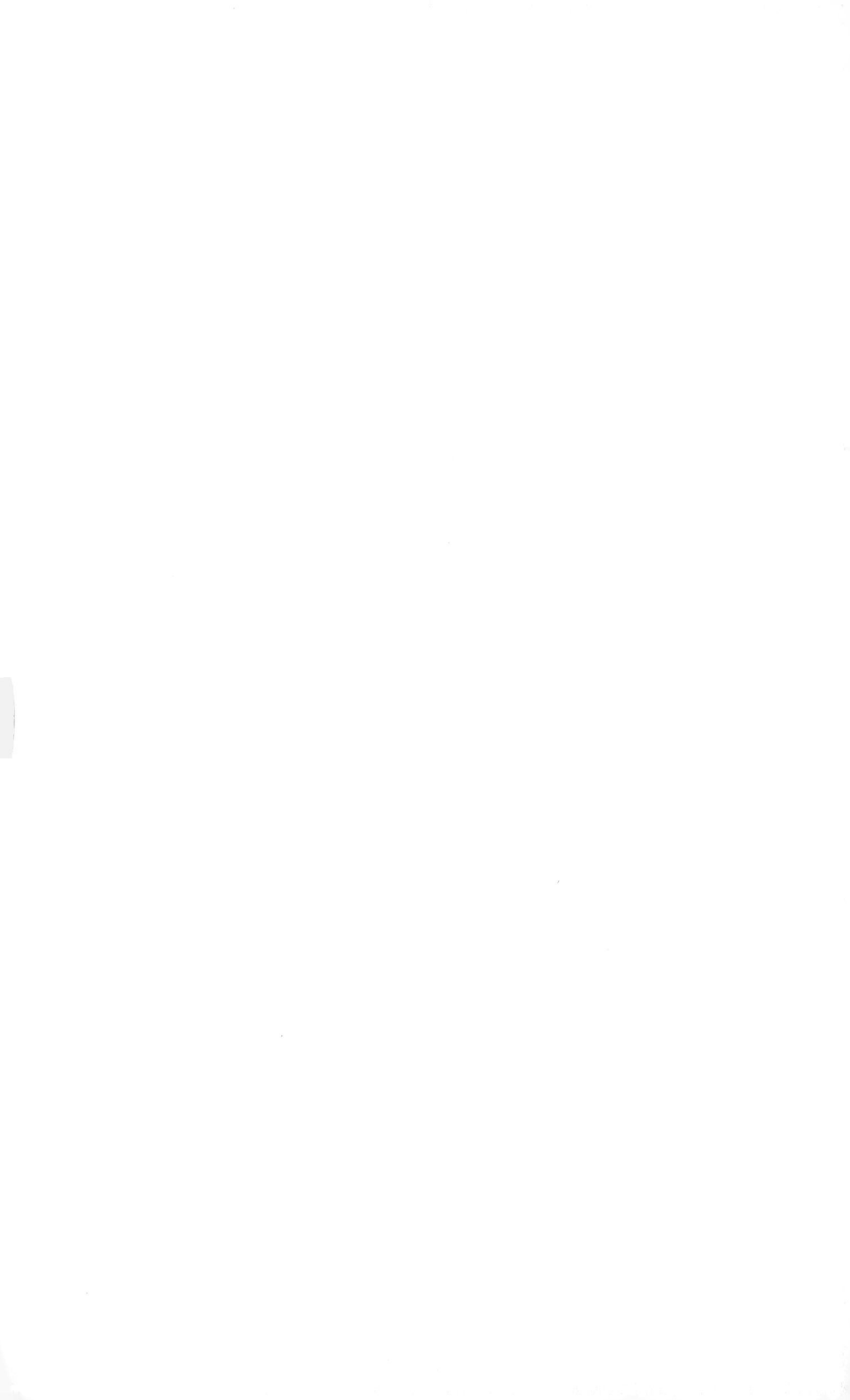